Rationnement, restrictions, ingéniosité

Rationnement
Restrictions
Ingéniosité

Souvenirs, souvenirs (1939-1945)

Les Recettes

Yvette Ostermann

Yvette Ostermann

Rationnement
Restrictions
Ingéniosité

Souvenirs, souvenirs (1939-1945)

Les Recettes

Biographie - Mémoire

Mentions légales

© 2022 Yvette Ostermann

Édition : BoD – Books on Demand, info@bod.fr
Impression : BoD – Books on Demand,
In de Tarpen 42, Norderstedt (Allemagne)
Impression à la demande

ISBN : 978-2-3223-9995-6
Dépôt légal : Juin 2022

Je dédie ce recueil à mes parents ; Je voudrais rendre un hommage à ma maman qui a su en cette période difficile user de son génie culinaire pour préparer à toute sa famille de succulents repas avec « presque rien ».

A mon papa qui utilisait toute sa débrouillardise pour trouver les denrées rarissimes. Ce fut une époque douloureuse, mais qui a lié les membres d'une famille, les voisins, les amis dans le partage.

Combien de fois ai-je entendu maman dire: « non merci, je n'ai pas faim » parce qu'il n'y avait que quatre morceaux et que nous étions cinq.

Ce n'était pas un sacrifice, c'était de l'amour.
Je n'ai compris ce beau message que beaucoup plus tard.

Merci votre fille Yvette

SOUVENIRS, SOUVENIRS ET LES RECETTES (1939-1945)

Fruits d'or, poèmes, légumes et bonnes recettes

Avec ce recueil intitulé 'Rationnement, Restrictions, Ingéniosité, Souvenirs, souvenirs et les recettes" Yvette Ostermann nous propose à la fois une remontée dans un passé qui s'éloigne de nous.

Les souvenirs re-visités de la guerre 39-45 et les restrictions qu'elle imposa aux habitants et surtout un délicieux petit traité d'art culinaire élaboré par temps de restriction.

Le premier paradoxe n'est-il pas que ces recettes qui font appel à l'ingéniosité proverbiale de notre nation et plus encore à la créativité des cuisinières fournisse des mets excellents et adaptés à une époque où l'on redoute plutôt l'obésité.

Ces recettes que les plus anciens ont eu maintes occasions de goûter apporteront d'heureuses surprises pour les plus jeunes qui n'ont pas connu ces temps de privations et de restrictions où la nourriture, viande, lait, pain etc. étaient rationnés pour chacun. En effet, cet art de cuisiner avec peu de chose recèle de véritables trésors, et fournit souvent des plats plus équilibrés que ceux proposés dans les fast-foods et autres palais de la "mal-bouffe" qui ont proliféré depuis les trente Glorieuses.

Cuisine pauvre, mais non pauvre cuisine, elle puise sa richesse dans ces produits que l'on parvient alors à se procurer comme la rhubarbe, le topinambour, le potiron ou la citrouille que l'on ne perfore pas encore pour Halloween!

Ses recettes, Yvette Ostermann, Mamyvette pour ses amis et ses petites filles, les coule le plus souvent dans le moule d'un poème, beurré de rimes suffisantes, nous offrent à lire et à, goûter une "Flamiche" à l'élégante bordure en acrostiche.

Le "menu de printemps" croise les rimes, fait croquer les "radis roses" et les "bouquets de choux fleurs" et rire de bonheur toute la tablée.

"Le clafoutis" ou le prodigieux "gâteau à la crème de lait" tient toutes ses promesses et satisfait le désir des plus gourmands. Il fait la belle affaire d'un quatre-heures enchanteur après la classe.

Poésie à toutes les sauces et à toutes les crèmes, la cuisine de « Mamyvette » fleure bon le thym, la cannelle et le lait frais, vous y rencontrerez aussi l'enchantement d'un joli bouquet de rimes accrochées à une poignée de cerises dans la main d'un enfant.

Nombre de lecteurs d'Yvette Ostermann déposée sur la table du jardin de notre enfance qui parle d'oiseaux, de fleurs, de fruits savourés, de rêves et de poésie.

Michel Maupoix

RATIONNEMENT DE 1940 À 1950

Il a été relativement facile pour les autorités de mettre en place un système de rationnement puisqu'une vingtaine d'années plus tôt, il y avait déjà eu un rationnement.

Un ministère du ravitaillement a donc été créé. c'est le dimanche 10 mars 1940 qu'un décret et un arrêté interministériels paraissent au Journal Officiel, fixant les modalités d'établissement des cartes de rationnement impliquant que chaque personne doit remplir une déclaration au plus tard le 3 avril.

Un nouveau décret fixe les restrictions et apporte des précisions: exemple pour la viande: Le bœuf, veau et mouton sont interdits à la vente en boucherie trois jours consécutifs par semaine. La viande de charcuterie pendant deux jours et la viande de cheval, mulet et âne pendant une journée.

Ce mois de mars est riche en interdictions. On voit la fermeture des pâtisseries et la vente d'alcool est interdite.

Dès octobre 1940, les cartes d'alimentation pour les produits de base : pain, viande, pâtes, sucre sont établies et distribuées.

La population était partagée en plusieurs catégories.

Sept catégories partageaient la population française :

Catégorie E : Enfants des deux sexes âgés de moins de 3 ans

Catégorie J1 : Enfants des deux sexes âgés de 3 à 6 ans révolus

Catégorie J2 : Enfants des deux sexes âgés de 6 à 12 ans révolus.

Catégorie A : Consommateurs de 12 à 70 ans ne se livrant pas à des travaux de force.

Catégorie T : Consommateurs de 14 à 70 ans se livrant à des travaux pénibles nécessitant une grande dépense de force musculaire.

Catégorie C : Consommateurs de 12 ans et sans limite d'âge se livrant personnellement aux travaux agricoles

Catégorie V : Consommateurs de plus de 70 ans dont les occupations peuvent autoriser au classement en catégorie C

Catégorie J3 : Les jeunes de 13 à 21 ans ainsi que les femmes enceintes.

Selon les catégories les rations pouvaient osciller entre 100 et 350g par jour pour le pain.

De 180g par semaine pour la viande, de 500g de sucre par mois.

Le lait était réservé aux catégories E, J et V. le vin à la catégorie T.

Exprimé en rations journalières individuelles, on a en moyenne 250g de pain, 25g de viande, 17g de sucre, 8g de matière grasse et 6g de fromage.

Le café pur et succédanés purs étaient interdits. Les cartes et tickets de pain durèrent jusqu'en 1949.

Vient le rationnement pour les vêtements en mi février 1941. Pour éviter des tricheries, des règles d'équivalence sont mises en place: exemple la vente de boudin renfermant de 8 à 12% de lard gras est autorisée contre la remise d'un ticket de 10g de matières grasses pour 100g de boudin.

La ration de pain descendra à 275g par jour en 1942. ce pain dit de régime était constitué de maïs, fève, seigle ou orge auquel on ajoutait des brisures de riz.

Les couleurs des tickets variaient en fonction des produits: Violet pour le beurre, rouge pour le sucre, brun pour la viande, vert pour le thé ou le café.

Les denrées étaient tellement rares, que beaucoup de coupons ne furent pas utilisés.

Les carnets de tickets mis en place devaient obligatoirement porter le tampon de la ville du domicile. Ils avaient une validité de six mois. Tous les achats étaient notés au dos du carnet. l'épicerie attitrée devait apposer son tampon.

Les commerçants avaient un très gros travail de récollection. Ils devaient chaque mois faire l'inventaire des tickets reçus de leurs clients. Cela leur permettait de se réapprovisionner auprès de leurs fournisseurs.

Il fallait aussi noter la hausse du coût de la vie et une recrudescence du marché parallèle (appelé marché noir). Tous les français ne furent pas vraiment logés à la même enseigne. les habitants des campagnes trouvaient des légumes et quelques poulets et lapins. Du fromage, des œufs, du lait et parfois le porc se partageait.

Les citadins recevaient quelques colis de leurs familles campagnardes. des œufs du fromage, de la charcuterie (jambon sec), des légumes. Il fallait user de beaucoup de ruses pour transporter certaines denrées. On a pu voir des cochons tués, acheminés dans des corbillards ou bien encore le porc était habillé en mariée et bien assis à l'arrière d'une voiture. L'astuce ne durait pas très longtemps, il y avait toujours quelques dénonciateurs.

Le sucre faisait défaut et la saccharine, petit comprimé, remplaçait le morceau de sucre.(les adultes employaient ce succédané pour laisser aux enfants le vrai sucre.)

Tout était utilisé pour essayer de se nourrir correctement: du rutabaga, non rationné à la citrouille, en passant par les topinambours qui étaient délicieux, mais avaient le défaut de provoquer des flatulences.

Le sang de volaille, lorsqu'on pouvait acheter un poulet vivant était revenu dans la poêle avec des herbes et des croûtons.

Rien n'était jeté et la crème du lait qui remontait à la surface de la casserole après avoir bouilli était recueillie avec précaution. Une récolte de trois jours permettait de faire un succulent gâteau.

La maîtresse de maison, la mère de famille est confrontée à de nouvelles bases, non plus pour faire plaisir avec une table gourmande, mais tout simplement pour nourrir son petit monde.

Que va-t-elle pouvoir inventer avec le peu qui lui est distribué?

Elle va improviser de nouvelles techniques de cuisson. Elle jouera avec des "fonds bruns" Pour ce faire, elle aura acheté un kilo d'os de bœuf, il lui aura fallu faire du charme à sa bouchère. Elle ajoutera même quelques déchets de viande, sans tickets. Il y a dans ce mélange des petits bouts de gras, peu de maigre, mais aussi des tendons, complètement immangeables. Ils donneront du goût.

Elle aura disposé les os coupés en morceaux dans un plat de terre, ajouté des rondelles de carottes, des oignons coupés en quatre, les déchets et une demi verre d'eau bouillante. Elle mettra au four pendant 45 minutes. Le gras fondra, les os et oignons se seront colorés car l'eau se sera évaporée.

Elle retournera les os, reversera un demi verre
d'eau dans le plat.

Elle laissera au four pendant une demi-heure. Il n'y a plus d'eau.

Le jus est tombé à glace (expression employée par les cuisiniers).

Elle rajoutera encore de l'eau bouillante pour déglacer. Le tout sera
vidé dans une casserole. Le plat rincé à l'eau bouillante, versé
dans la casserole sur le premier appareil.

Le tout sera à nouveau recouvert d'eau bouillante, salé,
poivré, elle aura ajouté un bouquet garni, une gousse d'ail
écrasée.

Elle laissera bouillir, plutôt mijoter à couvert
pendant quatre heures. Le bouillon sera récupéré, versé dans
une petite terrine. Le lendemain, la préparation sera une
gelée.

C'est le secret du fond brun qui servira à corser les
sauces, à agrémenter les légumes. Ainsi sera fait une
économie de beurre qui sera réservé pour étendre sur les tartines des
enfants.

Pour conserver ce fond brun, il fallait le faire re-bouillir
tous les deux jours. Oui, il n'y avait ni réfrigérateur, ni
congélateur.

Rien n'est perdu: les restes de pain seront passés au four
et feront de la chapelure.

La viande manquait, on pouvait remplacer par n'importe

quels poissons. Avec l'eau de cuisson, cela devenait une soupe Toulonnaise si l'on rajoutait quelques nouilles.

Les conserves d'œufs ? Tout une technique a été réinventée. Il fallait les immerger dans des pots de grès ou de faïence contenant de l'eau additionnée de chaux éteinte, ou aussi avec des produits spéciaux achetés spécialement dans les pharmacies. Les grecs et les romains conservaient les œufs durant l'hiver en les posant dans de la balle de céréales. Durant l'été ils étaient mis dans le son.

Maman avait employé les deux méthodes, mais je crois qu'elle préférait la première, dans la chaux éteinte.

Il était possible de faire des pâtes fraîches, seulement avec un peu de farine, du sel et de l'eau. les pâtes apportaient pas seulement des hydrates de carbone mais de l'amidon et de l'albumine sous forme de gluten.

Si je recherche la complexité de l'amidon, je trouve dans cette matière non seulement du carbone et de l'eau, mais aussi une forte proportion d'acide phosphorique. En effet, 100 gr d'amidon contiennent 300 milligrammes de ce composé. Paraît-il très précieux pour l'édification du squelette.

On cultiva à domicile, dans des pots de fleurs sur les balcons.

Des trésors d'ingéniosité furent mis en place.

Le charbon manquait, je me souviens de papa qui façonnait des boulettes de tourbe, de bouses de vache, qu'il faisait sécher; ça marchait. S'il pouvait trouver de la sciure de bois, il humectait le mélange et le feu tenait plus longtemps.

Quant à la fabrication de savon et savonnettes, je ne sais plus les recettes, mais cela ne sentait pas vraiment bon dans la cour où le laboratoire était installé.

Pour le tabac, Papa avait trouvé des recettes miracles, toutes les mixtures étaient inventées en fonction des échanges effectués. Il a fumé de l'armoise, des feuilles de tabac cultivé, je ne sais où, les feuilles étaient enfilées au plafond d'une buanderie, elles séchaient, puis il les roulait.

Les grillades furent un nouveau mode de cuisson. Le rond de la cuisinière était graissé avec une couenne, la viande mise à griller.

Le café? tout fut mis en mouvement pour innover en la matière, les glands ramassés, grillés dans le four. L'orge et le blé, les racines de chicorée; que d'inventions!

Les restrictions, je ne m'en suis pas trop aperçue, les enfants ont faim et aiment tout. Moi, j'ai plus souffert du froid, surtout à l'école, même si on essayait de se grouper autour du poêle. On apportait un morceau de bois, c'était notre contribution.

Les tissus en fibre de bois firent leur apparition, je me souviens d'un magnifique costume de teinte rose, jupe plissée, (rêve de ma vie de petite fille) que maman m'avait fait confectionner par la couturière du quartier. À la première pluie, il était devenu immettable, il avait tellement rétréci. J'avais la mini jupe avant l'heure...

Des souvenirs, il y en a beaucoup, il faudrait les mettre bout à bout.

Des tristes, avec l'épisode d'Oradour sur Glane où ma camarade de classe, Annie a été brûlée dans l'église, alors qu'elle était allée voir sa grand-mère.

Laissons la place aux recettes , elles feront l'objet d'une cure de régimes amaigrissants.

SE NOURRIR PENDANT LA DEUXIÈME GUERRE MONDIALE
TRÉSORS D'IMAGINATION.
(1941)

Il fallut s'adapter aux conditions nouvelles créées par la guerre et concevoir un nouvel équilibre d'existence.

La carte de rationnement arriva pour équilibrer la répartition des vivres. Il n'y eu pas la famine, mais il a été nécessaire aux Français d'abandonner certaines habitudes alimentaires et essayer d'être inventifs quant à la composition des repas, tout en gardant à l'esprit l'importance des besoins humains en vitamines, protides, glucides et de surtout ne rien gaspiller. Volailles et poissons se raréfièrent....

"il faut se rappeler que la ration de viande était de soixante dix grammes par semaine. Que de trésors d'imagination pour composer des menus et des recettes de cuisine qui fleuraient bon dans les maisons!

Je me souviens que lorsque je rentrais de l'école pour le déjeuner, une excellente odeur de lentilles ou de haricots blancs me creusait l'estomac.

Matière et énergie: deux mots magiques que l'on aura domptés avec les moyens du bord.

Loin de la poésie, reprenons pied dans les réalités d'hygiène alimentaire et de diététique.

Dans une usine électrique on brûle du charbon (matière). ce charbon dégage de la chaleur (énergie). Une locomotive brûle du charbon (matière) elle crée ainsi de la chaleur (énergie) cette chaleur vaporise de l'eau. Cette vapeur est utilisée dans un piston pour créer du mouvement. La locomotive avance en traînant son train de wagons.la locomotive est l'instrument du mouvement (le moteur).

Le moteur est un transformateur d'énergie. la locomotive a transformé l'énergie-chaleur en énergie-mouvement. Elle a pris l'énergie chaleur dans le charbon qu'on y brûle.

L'homme peut être assimilé à un moteur, puisque le corps humain, remue, bouge, avance. Il crée du mouvement telle la locomotive. Mais où le corps humain prend-il son charbon? Dans les aliments qu'il consomme. Ces aliments sont donc des combustibles du moteur humain.

Une calorie, c'est la quantité de chaleur nécessaire pour élever de un degré centigrade la température d'un litre d'eau.

Les physiologistes ont démontré que le moteur humain, travaillant normalement a besoin de 2400 calories. L'homme doit les trouver dans son alimentation.

La carte d'alimentation n'offre que 1300 calories. Il fallait donc user d'intelligence et trouver dans les denrées non contingentées des produits de substitution.

Les recettes qui vont suivre ont été inspirées par des chercheurs de l'Institut Scientifiques d'Hygiène alimentaire. Improvisation, art.

Quelques conseils avisés que l'on pouvait trouver dans des livres de cuisine à cette époque. La symphonie gastronomique va s'établir grâce aux albumines, aux protides, sucres et amidons, ou glucides, graisses ou lipides, vitamines.

Modèle d'achat; quelques grammes de viande, c'est de l'albumine, du beurre à peine, c'est de la graisse, des pommes de terre et de la salade, il y a de l'amidon, des vitamines et même un peu de sucre. Nous allons donc faire la cuisine comme avant.

Mais attention! si on chauffe trop le beurre sur la poêle, on tue les vitamines, on a gâché le beurre.

Si on jette les feuilles vertes de la salade, on jette les vitamines.

Si on ne fait pas cuire la viande correctement, elle sera dure, elle se digérera mal. C'est dommage!

Apprendre à cuisiner intelligemment, pour cela on va pratiquer:

La cuisson à l'eau
La friture (pas beaucoup)
La grillade et le rôti
L'"étouffée
La liaison à l'amidon
La liaison au jaune d'œuf;
Tickets de pain: 875 gr de pain individuel.
Surtout ne pas gâcher.

Laisser sécher les restes et les passer au four doux, une nouvelle chapelure sera née.

Tickets de sucre: 2 à 3 morceaux par jour.

À nos fourneaux .

MENUS "RÉGIME" MENUS "ÉCONOMIQUES" MENUS SOUVENIRS"

Croquettes de macaroni

C'est le temps des économies.
Il faut donc faire des macaronis,
On les mangera en croquettes.
Mettons-nous vite en quête
De gruyère et de jambon.
Faisons cuire les pâtes à l'eau salée
Mélangez la viande coupée.
Puis le fromage Râpé.
Assaisonnez et laissez refroidir.
Formez quelques boulettes,
Passez les dans la chapelure
Et puis faites les frire.
Egouttez-les sur papier absorbant
Parsemez-les de verdure.
Accompagnez ce plat succulent
D'aillade ou de tomates.
Voici un plat complet
Pour faire un bon dîner.

Fausse huile à la farine

Farine, il en faut 5 grammes.
Ajoutez du sel fin une pointe une larme.
Utiliser de l'eau froide sept cuillères à soupe.
Sans attendre mélangez et mettre sur le feu,
Surveiller la cuisson à la loupe
Et c'est tout tel un cordon-bleu.

Hors du feu laissez refroidir.
Utilisez le liquide pour toute salade,
Il vous servira par petite rasade.
Le choix vous revient de rétablir
En tout état de cause l'assaisonnement.

Ajoutez du piment d'Espelette,
L'estragon et la ciboulette
Avec bon sens et parcimonie.

Fatiguez la salade avec un peu de génie
Ajouter du vinaigre, de l'ail ou de l'oignon,
Remuez encore et servez sans contrefaçon.
Illusion complète et intégrale.
N'oubliez pas de partager c'est normal,
En souvenir de cette période maigre.

Fausse soupe aux oignons

Prenons deux bulbes de poireaux.
Lavons-les, Coupons-les menu.
Faisons fondre un peu de matière grasse
Et déposons les morceaux.
Remuons -les en continu.
Avec précautions grand soin.
Les voici déjà dorés à point.
Saupoudrons avec une cuillerée de farine,
Elle se transforme en une masse,
Versons très vite de l'eau froide,
un litre et demi
Cela suffit.
Délayons et chauffons,
Un quart d'heure environ
Cela sent l'oignon dans la cuisine.
Ajoutons un cube de bouillon,
Salons, sans hésiter, poivrons
Faisons griller du pain rassis.
Nous n'avons pas de fromage! tant pis!
Réchauffons notre soupière,
Versons deux oeufs entiers
En, omelette, nous les battrons.
Louche, après louche, nous verserons
Tout en tournant notre bouillon.
Faisons tomber les croûtons,
Nous sommes presque des sorcières
Nous avons fait une soupe Lyonnaise.
Tout le monde s'extasiera,
Tout le monde dira :
C'est un chef d'oeuvre de cuisinier !
Et nous en sommes fort aise.

Les cerises

Il ne serait pas logique de parler alimentation sans évoquer les cerises
Les cerises auraient été apportées en Italie en l'an 74 avant notre ère, d'une ville d'Asie Mineure appelée Cérasante.
Ce serait, le général Lucullus qui s'en été chargé, après avoir remporté une écrasante victoire sur Mithridate.
Il devait s'agir d'une espèce spéciale, le cerisier sauvage poussait de tout temps en Italie et en Gaule.

Les Romains mangeaient toute l'année des cerises en conserve
Elles étaient tout simplement séchées au soleil et tassées dans des barils.
Pline parle de fruits ressemblants à nos bigarreaux, à nos griottes et à nos merises. La cerise constitue un dessert apprécié durant sa brève saison. Certaines espèces servent à faire des confitures et cet excellent alcool: le kirsch.

Le kirsch du Blanc avait eu un bon parrain en la personne de Raoul Demiot. Il a été longtemps le phénix de ce breuvage parfumé et recherché. Il avait planté une dizaine d'hectares de cerisiers et toute la population de Brenne se souvient du goût exquis de ce digestif.

On trouvait aux entrées de la ville du Blanc les panneaux Indicateurs: « Le Blanc, son kirsch et ses maisons du XVème siècle»
La cerise a des effets bénéfiques sur la santé: selon certains praticiens de médecine douce, elle pourrait être recommandée contre la goutte; CE serait la « CYANIDRINE » contenue dans ce fruit qui aurait des propriétés anti-inflammatoires et réduirait le gonflement et la douleur causés par la goutte.

Ce type de cerises acides   pourraient atténuer les symptômes de l'arthrite.

Le temps des cerises est très court et le poète JEAN-BAPTISTE CLÉMENT a écrit une très belle chanson qui depuis 1867 est toujours sur toutes les lèvres :

« Quand nous chanterons le temps des cerises »   Pour la petite histoire, Jean Baptiste Clément écrivit cette chanson pour égayer les derniers moments d'une pauvre amie très malade ; La jeune fille mourut, mais le poète la pleura toute sa vie.

Un hiver, le poète traqua en toutes propriétés sa chanson à un éditeur de Bruxelles, contre un vieux manteau. Plus tard, jean Baptiste Clément, sans argent engagea le manteau au mont-de-piété pour 14 francs; il n'eut jamais les moyens de le dégager et perdit le manteau et les 14 francs Jean Baptiste mourut dans la misère, mais sa chanson eut un énorme succès et une place à Montmartre porte son nom.

Les oignons

Les oignons, nous en avons déjà parlé, c'était un végétal sacré il servait de symbole pour la déesse Isis.

Il était même interdit à tous de le cultiver, seuls les prêtres avaient ce privilège.

Dans les grandes villes , l'ail et l'oignon s'achetaient à prix d'or pendant la deuxième guerre mondiale

L'oignon a de nombreuses vertus: Il peut faire baisser le taux de cholestérol, il peut aider à améliorer l'hypertension, il a même des vertus antibactériennes.

Ses composées soufrées bloquent les carcinogènes.
Ses tiges sont riches en vitamines C et en bêta carotène. Il contient du phosphore, du fer, du potassium, de l'acide tartrique, des sécrétines, des vitamines B.

Il a malgré tout des inconvénients, il provoque des ballonnements et des flatulences.

Mangé cru; il donne mauvaise haleine et même une odeur désagréable à la peau.

On connaît de longue date l'effet diurétique de l'oignon.
Une cure d'oignons de trois jours seulement peut dans certains cas, faire disparaître des oedèmes des membres inférieurs, même après échec des diurétiques médicamenteux.

La cure d'oignons consiste à consommer pendant dix à quinze jours des oignons de grandeur moyenne, en salade, assaisonnés au citron et à l'huile, avec éventuellement un peu de crème. Cette cure peut se poursuivre plusieurs semaines sans inconvénient.

Faux beurre

Vous êtes en votre cuisine;
Dans une petite casserole,
Posez une petite cuillerée à soupe de farine,
délayez avec de l'eau , un demi verre.
Salez, poivrez, sur petit feu.
Chauffez en mélangeant à la cuillère.
Le liquide bout il épaissit.
Eloignez du feula casserole.
Dans un bol, posez un jaune d'oeuf cru,
Versez le contenu préparé,
Mélangez intimement.
Reversez dans la casserole,
Portez à nouveau sur petit feu
Chauffez en mélangeant doucement.
La sauce épaissit beaucoup,
N'attendez pas l'ébullition.
Eloignez du feu, après coup.
Laissez refroidir, avant de déguster.
Vous obtenez une masse molle
C'est le faux beurre, ma parole.
Vous pouvez tartiner.

Koulibiak aux choux

Coupez les feuilles de choux
En tout menus morceaux,
Blanc et vert, posez le tout.
Déposer dans la casserole, Couvrir avec l'eau salée
Laissez bouillir, cinq bonnes minutes.
Videz sur une passoire,
Surtout ne pas jeter,
L'eau servira pour un bouillon du soir;
Posez les feuilles dans une cocotte sur feu doux.
Ajoutez un peu de margarine
Ou peut-être du saindoux.
Poivrez, ajoutez du thym et couvrir;
Laissez mijoter une demi heure.
Faire cuire à point 50 grammes de riz
Vous le ferez à la créole
Quinze minutes suffiront.
Ne jetez point l'eau de cuisson
Ajoutée à celle du chou, vous aurez le potage.
Mélangez le chou et le riz, le bon dosage.
Faire une pâte brisée,
Cent grammes de farine dans une terrine
Ajoutez cinquante grammes de margarine,
Salez et partagez en deux morceaux
De matière grasse sur le moule, vous mettrez un soupçon,
Posez un disque de pâte,
Versez le mélange chou et riz sur le fond.
Remettre à nouveau un disque de pâte,
Faire un trou tout en rondeur
Rayez à la fourchette, dorez à l'oeuf battu
Faire cuire au four une demi heure
Ajoutez quatre cuillères de lait écrémé
Sur le petit reste d'oeuf battu, c'est meilleur
Versez par le trou de la cheminée
Il ne reste plus qu'à déguster.
Le koulibiak est prêt, vous ne serez pas déçus.

Les poireaux

Si le poireau n'avait pas été un légume délicat ou précieux, les égyptiens ne lui auraient pas conféré un certain degré de divinité.
Les égyptiens ont représenté sur les fresques le poireau, l'ail et l'oignon. On peut y voir les prêtres offrant aux divinités(Isis) des oignons et des poireaux.
Les poireaux étaient même réservés comme aliment pour les morts en leur éternité.

Cependant les vivants se régalaient . On offrait même une botte des poireaux à ses amis; On raconte que le roi Khéops, voulant honorer un magicien qui par sa séance lui aurait fait gagner une pénible guerre , lui accorda une rente viagère annuelle de mille pièces, cent cruches de bière, un boeuf et cent bottes de poireaux;

Deux sortes de poireaux faisaient les délices des Grecs et des Romains. L'un, «le porrum capitatum», avec son très gros bulbe, la tige blanche et délicieuse était réservée aux gens riches. L'autre, « le poireau sectivum » était vert, se mangeait jusqu'aux feuilles sa partie blanche était très réduite, il était mangé par la plèbe.

Les propriétés médicinales du poireau étaient aussi connues depuis des siècles. Les égyptiens s'en servaient comme diurétique.
Hippocrate prescrivait ce breuvage pour « relâcher le ventre », arrêter le hoquet, augmenter le lait des nourrices, conjurer la stérilité et guérir la phtisie...
Néron, en mangeait régulièrement trois fois par mois pour avoir la voix claire.

Avantages: contient du fer et du calcium, est peu calorique, le vert est riche en acide folique, inconvénients, comme toutes les liliacées, peut provoquer des flatulences.

Henri IV

On ne pouvait pas aborder la recette de la poule au pot sans mettre quelques mots sur celui qui fut à l'origine de ce met dominical dans les familles modestes.

Henri IV, né au château de Pau a été élevé à la paysanne, à la façon des petits enfants du pays, pieds nus, il courait comme eux et se battait avec eux.

C'était un jeune prince brave et hardi, entreprenant, gai et très français; il trouvait toujours le mot pour rire et savait gagner le chemin des coeurs. Seulement il était protestant, et la France en majorité catholique n'admettait pas un roi protestant.

Henri IV se vit obligé de conquérir son royaume. Il se fait catholique.

Il est sacré à la cathédrale de Chartres. Paris lui ouvre ses portes; La guerre civile est finie.

Il chasse les espagnols et il assure la paix religieuse en assurant aux protestants l'Edit de Nantes (1598).

Il impose la paix et l'obéissance. Il force les juges du parlement à enregistrer et appliquer « l'édit de Nantes » mécontent de leur mauvaise volonté, il leur parle sévèrement :

« La guerre vous la voulez, parce que vous savez bien que ce n'est pas vous qui la ferez, je l'ai faite, moi, pendant longtemps; J'ai sauté vingt fois par dessus les murailles des villes assiégées. Je sais ce qu'est la guerre. Et bien je n'en veux pas pour mon peuple; Je suis le Roi et j'entends être obéi. »

Et les juges se soumirent.

Il apprend un jour que des troupes ont pillé un village en Champagne. Il appelle quelques gentilshommes : « partez vite leur dit-il et mettez-y bon ordre. Si l'on ruine mon peuple, qui donc nous nourrira vous et moi? »

Il avait voulu que chaque paysan put mettre la poule au pot tous les dimanches; Sentiment touchant qui a rapproché et honoré le Roi et le peuple; il fut aidé par son ministre Sully.

Sully fut un travailleur acharné, levé chaque jour à quatre heures. Il s'occupe de tout : finances, routes, agriculture, armée.

Très honnête et très économe, il fait la chasse à tous ceux qui volent ou qui gaspillent l'argent de l'Etat. Il ne permet pas plus de dépenses qu'il n'y a de recettes et il relève les économies; Il s'intéresse souvent aux paysans; Il les soutient ; Il défend aux seigneurs de prendre leur bétail ou leurs outils à ceux qui ne peuvent payer les droits féodaux. Il dit :

« labourage et pâturage sont les deux mamelles de la France. » vraies mines et trésor du Pérou.»

HenriIV meurt assassiné par Ravaillac en 1610.

Rendons ici un hommage aux paysans de France qui pendant la deuxième guerre mondiale ont permis aux français de ne pas mourir de faim, même s'il fallut avoir recours aux topinambours et aux citrouilles.

La poule au pot

Choisir une poule grassouillette
Eplucher carottes et poireaux
Navet, chou et deux courgettes.
Mettre dans la marmite de l'eau
Salez, poivrez, ajoutez du laurier
Du thym, oignon, feuille de céleri,
Une branche, un brin de persil.
Portez le tout à ébullition.
Ecumez et fermez.
Laissez cuire à petits bouillons.
Servir avec des cornichons ,
De la moutarde et puis du riz.
Peut se manger le lendemain.
Avec une sauce à l'ailloli.
Et quelques tranches de de bon pain.
Déjà Henri IV recommandait
Que dans chaque maison
Ce divin plat soit partagé;
Au moins une fois par semaine,
La poule sera la reine.
Même si elle est au pot
Mangeons la tôt ou tard.
Au déjeuner ou au souper.
Ne prenons nul retard.
Vite à table…allons dîner

La flamiche restriction

L La tarte aux poireaux, en fait
A Aurons nous assez de beurre pour la pâte ?

F Farine deux cents cinquante grammes
L La graisse de boeuf pour quatre-vingt grammes
A Ajoutons une pincée de levure chimique.
M Mélangeons avec un verre d'eau tiède.
I Incorporons une pincée de sel en magicienne.
C Coupons la pâte en deux parts inégales.
H Hachons les poireaux, les ébouillanter.
E Egouttons les et les faisons rissoler.

R Remettons les sur le disque de pâte
E Etalons égalisons dans le moule à tarte
S Sur le dessus, posons le deuxième disque.
T Tressons les bords pour les souder.
R Réservons un trou d'aération.
I Il faut mettre à four chaud.
C Ce parfum enflamme le museau.
T Tarte aux poireaux, c'est la flamiche.
I Illustre nom donné en Picardie.
O On dégustera e ce plat tout chaud.
N Nous oublierons les restrictions.

Les épices

Six jolis pots de verre
Etaient dans la cuisine,
ils faisaient grise mine
Et même étaient en guerre.
Près des plaques de cuisson,
Les vilains polissons
Se lançaient à la tête
les noires baies de genièvre
Les racines de gingembre...
Riposte de l'assaillant
Avec du safran,
Le thym séché
N'était point épargné
Le poivre de Jamaïque
Servait de projectiles,
L'ail et puis l'oignon
Dans une grande panique
Sautèrent dans le bouillon
Sous les brins de persil.
Il fallut le laurier
Pour calmer les esprits
Aidé dans sa mission
Par le bel avocat
Paré de grains de riz.
Il fit grande impression
Et avec discrétion
Libéra le potage
De son rôle d'otage;
de guerre lasse,
Chacun repris sa place
Le dîner était prêt,
épicé à souhait.

Les légumes secs

Parmi les légumes secs qui nous étaient octroyés avec nos cartes d'alimentation le plus savoureux, le plus apprécié était sans conteste le haricot blanc.

Le haricot blanc était inconnu des romains et des grecs. Son histoire est donc récente. Les haricots furent importés d'Amérique en même temps que les pommes de terre au 16e siècle, ils obtiennent un énorme succès à tel point qu'ils détrônent le pois chiche et les anciens pois verts qui faisaient la joie des romains.

Quant aux lentilles, elles sont aussi anciennes que notre civilisation puisqu'on les trouve dans les premières pages de la Bible

Le haricot est devenu par la suite plat national, conserves et cultures connaissaient ce légume. Inutile de mettre les recettes de ces légumes, car même cuits eau maigre , ils sont délicieux;.

Ils ont été la providence et ils faisaient attendre les légumes de printemps.

Médaillons de fromage poêlés

Dans une terrine on va mélanger
Deux cents grammes de fromage blanc,
Un oeuf entier et 125 grammes de farine tamisée
On tourne avec spatule délicatement.

On divisera cette masse en six parties
on posera chaque part sur un plat fariné
Avec les mains on transformera en aplati.
De jolis médaillons seront ainsi formés.

Dans une poêle, on dépose sept grammes de beurre
Laisser fondre et ajouter les médaillons
Faire dorer cinq minutes, ce n'est pas un leurre
Ils sont gonflés, jolis, comme tous les médaillons.

Entourés de quelques feuilles vertes,
Un peu de sel, de poivre et l'amitié
Voici une véritable découverte
Pour un délicieux dîner improvisé.

Menu de printemps

Voici, enfin, arrivé le printemps,
Nous allons en profiter
Pour nous régaler de crudités
A toute heure et en tous temps.
N'épargnons point les radis roses,
Apprécier les carottes nouvelles,
Les bouquets de choux-fleurs, j'ose
Les ajuster avec vinaigrette éternelle.
Préparons une entrecôte grillée
Avec pommes de terre vapeur,
Une pincée de bon beurre
Nature et peu salé.
N'oublions pas la laitue,
Nous en connaissons les vertus.
Aimez-vous le fromage?
Ne nous en privons point
Il n'y a pas d'outrage.
Il ne faut pas aller loin
Pour trouver ces merveilles,
Mont-la-Chapelle, ou Pouligny
Le coin est sans pareil
Pour les délices du pays.
Ajoutez quelques fruits
Appréciez et riez
Dégustez entre amis
En attendant l'été.

La pêche en rivière

Comme disaient les allemands, lorsqu'ils perquisitionnaient dans les maisons: « les hommes chez vous sont tous à la pêche. »

Evidemment ils ne tenaient pas à être présents et s'échappaient de jardin en jardin. Les femmes mentionnaient :
«Nos hommes sont à la pêche.»

Ce n'était pas toujours le cas, mais souvent les maris ou les grands enfants se rendaient aux bords des rivières pour rapporter quelques menus fretins.

Bien entendu pas question de faire cuire cette provende en friture. Il n'y avait pas d'huile, mais poché dans la poêle avec une petite sauce ce n'était pas mal du tout.

Menu fretin doré

Posez une casserole sur le feu
Déposez-y une cuillère à soupe de farine
Chauffez en tournant au fouet continuellement
Laissez blanchir la farine
Eloignez la casserole du feu,
Laissez refroidir presque complètement
Ajoutez deux verres d'eau froide
Fouettez et faites chauffer
La sauce blanche se constitue
Le liquide s'épaissit
Rajoutez si besoin un verre d'eau chaude
Mettre une feuille de laurier en plus
laissez cuire cinq minutes
Versez dans une poêle à frire
Faites chauffer et déposez les poissons
Complètement immergés, ils le seront
A petit feu laissez bouillir
Si vous avez un oeuf cru
L'ajouter à la préparation.
Versez la sauce sur le plat
Où sont alignés les poissons
Vous y aurez rangé la fameuse moisson
Dégustez le plat avec des rondelles de citron
Quelques peluches de persil du jardin
Ajouterons un air de fête à ce festin.

Sardines marinées

Une douzaine de sardines salées,
Elles seront lavées à l'eau froide.
Puis il faudra les faire tremper.
Le lendemain, changer l'eau
On éloignera du fourneau.
Et laissez à nouveau toute une nuit.
La détrempe se poursuit,
Il sera nécessaire de les écailler
De couper les têtes et de les vider.
Dans un bocal, on les rangera,
On ajoutera de l'ail et des oignons
Du poivre en grains, une carotte coupée en rondelles
Avec du vinaigre blanc on couvrira
Et dans trois jours , dégustation se fera.
On servira quelques pommes de terre
Pour améliorer l'ordinaire.

Petits pains de fromage fourrés

On va mélanger dans une terrine
Deux cents grammes de fromage blanc de régime,
Un oeuf battu en omelette
J'en mets de côté une cuillère à café
J'ajoute les cent vingt cinq grammes de farine,
Un paquet de levure chimique, la pâte est faite.
Je fais rissoler un oignon coupé
Ou bien encore un blanc de poireau,
Les deux ingrédients, je les ai essayés
Je partage la pâte en quatre morceaux,
Sur une planche farinée
J'aplatis les disques préparés.
Au centre je dépose la garniture
Je plie en deux:
Poireaux ou oignons sont ainsi enfermés
En petits pains, je les structure
Je les dore au pinceau avec l'oeuf battu,
Je préchauffe le four
Je dépose les petits pains avec amour
Sur une plaque beurrée,
J'enfourne et j'attends quinze minutes.
Oh! les petits pains sont tout joufflus.
Ils sont beaux, dorés, la pâte est cuite.
C'es certain, le palais, ils vont ravir.
Il faut attendre un peu avant de les servir
Trop chaud, ils vont vous bruler.

Pommes de terre aux oignons

Voici un plat de tous les jours.
Il ne faut pas beaucoup de temps
Pas non plus beaucoup d'argent.
Il faut le préparer avec un peu d'amour.

Il faut couper les pommes de terre
En faire de fines rondelles
Mettre les oignons en lamelles
Le tout mis dans un pot de terre.

Ne point oublier de saler, de poivrer
Parsemer de thym et de laurier
Avec du bouillon, il faut mouiller
Et puis dans le four préchauffé.

Enfourner
Faites dorer
Bien surveiller
Et puis servez.

Cela sent bon
C'est délicieux
Se mange à toute saison
En famille ou à deux.

Sauce mousseline

On reprendra la sauce hollandaise
Nous allons l'améliorer.
Nous aurons gardé de l'oeuf, le blanc
Avec le fouet à mayonnaise,
Nous allons battre ce blanc en neige
Réchauffons notre précédente mousseline
Elles seront presque cousines
En la posant au bain marie,
Ne pas arrêter de tourner, pardi
Ajoutons d'un seul geste notre neige.
Mélangeons à la fourchette.
Nous servirons dans une saucière
Que nous aurons pris soin de chauffer.
Il n'y a point de mystère.
Ne point attendre pour déguster
Un conseil, préchauffez les assiettes
Nous servirons avec asperges ou poireaux
C'est divin, c'est un festin
C'est bon et c'est nouveau.

Sauce Hollandaise restrictions

Prendre une casserole émaillée,
Mesurer une grosse cuillère à café de farine
Poser dans la casserole et ajouter
Fn tournant, huit cuillères à soupe d'eau.
Mélanger de préférence avec un fouet.
La sauce devient plus fine.
Chauffer sur petit feu.
Le liquide va épaissir,
IL se met même à bouillir.
`Retirer la casserole du feu.
Vite dans un bol, mettre un jaune d'oeuf cru,
Pas une goutte de perdue,
Ajouter la première préparation
La couleur est jaune, c'est ravissant,
C'est même appétissant.
Mettre cette mixture au bain-marie,
Sans cesser de tourner
La sauce épaissit petit à petit
Surtout ne pas laisser coaguler.
Retirer, goûter, rectifier,
Tout le monde est satisfait.
Avec des asperges, c'est parfait.

Steaks hachés

Avec de la viande résistante
Bien loin d'être fondante,
Ne pas hésiter à faire des steaks hachés.
Pour ce faire, il vous faudra les couper
Si vous préférez passer à la moulinette.
Faites tremper du pain rassis dans du lait,
Un oeuf entier, vous ajouterez,
Un oignon ou de l'ail vous incorporerez
Une branche de persil n'est point à dédaigner,
Salez, poivrez, inutile de le souligner
Mélangez tous les ingrédients à la fourchette.
Vous confectionnerez de jolies boulettes.
,A la poêle, vous les ferez dorer.
A feu moyen vous choisirez la cuisson.
Quatre minutes sur une face,
Quatre minutes de l'autre côté,
C'est efficace.
Retirez du feu les morceaux,
Posez-les sur un plat chaud.
Ajoutez quelques feuilles de cresson
Vous obtenez de savoureux médaillons
Peu caloriques,
Le succès est assuré.

Topinambours.

Si l'on cherche l'origine dans l'antiquité gréco-romaine, on ne trouvera pas de traces de ce drôle de nom pour cause, le topinambour, nous vient d'Amérique et il est arrivé en France en même temps que la pomme de terre.

C'est en 1613, qu'un sieur Razilly fit plaisir aux parisiens et à Marie de Médicis, qui régnait sur la France comme tutrice du tout jeune LOUIS XIII, son fils.

Le sieur Razilly arrivait du Brésil, de l'ile de Maragnon.
Il ramenait avec lui des Indiens originaires de cette région.
Ils appartenaient à une tribu qui s'appelait : « Le topinambour »
Les habitudes vestimentaires de ces « topinambours » »étaient primitives.Ils se promenaient tout nus, au soleil. C'est ainsi qu'ils arrivèrent à Rouen.

Bien entendu le manager, fit monter un fripier à bord afin de les vêtir correctement. Ils eurent un énorme succès.Leur renommée arriva aux portes de Paris, Marie de Médicis voulu avoir la primeur du spectacle. Ils dansèrent devant elle, pour l'honorer.

Les parisiens qui n'avaient jamais vu le spectacle sabordaient demandant: « As-tu vu les Topinambours? » Cette phrase devint la scie à la mode; C est à la suite de l'arrivée de cette tribu, que Carl Von Linné a pu croire à l'origine Brésilienne de la plante.

Le mot topinambour subit toutes sortes de déformations en trois cents ans.Il est devenu à l'heure actuelle le topinambour. Il appartient à la famille des asteraceae, son nom scientifique est Hélianthus Tuberosus. Il porte aussi des noms plus connus : artichaut de Jérusalem, poire de terre et soleil vivace.

C'est une plante vivace très rustique elle peut atteindre 2m50 de hauteur. Ses feuilles alternées sont de forme ovale et rugueuse au toucher.

Ses inflorescences sont des capitules entièrement jaunes; elles apparaissent en septembre et octobre.

La substance de réserve n'est pas de l'amidon comme la pomme de terre, mais un glucide voisin, L'insuline, ce glucide n'influence pas la glycémie des personnes diabétiques.

Sa consommation en tant que légume de rationnement n'a pas laissé que des bons souvenirs. Mais les temps évoluent et maintenant on trouve dans les très grands restaurants les topinambours aux menus.

Topinambours

T   Tremper et laver les topinambours

O   On les frotte sous l'eau courante.

P   Poser les dans une casserole d'eau salée,

I   Immerger et faire cuire trente cinq minutes

N   Ne pas les éplucher immédiatement

A   Avec la pointe d'un couteau découper en dés.

M   Mélanger à part la fausse huile,

B   Bien fouetter votre assaisonnement

O   Ouvrir un pot de moutarde

U   Une petite cuillère à café suffira.

R   Réserver dans un saladier.

S   Servez, c'est délicieux

Topinambours à la Bordelaise

Faire cuire à l'eau salée
Des topinambours non épluchés.
Les retirer du feu
Avant complète cuisson.
Plus tard, sera la terminaison.
Laisser refroidir un peu
Les éplucher et les couper en tranches épaisses
La seule manière que je connaisse
Mettre de l'huile sur le feu
Eplucher six échalotes trois gousses d'ail.
Pour vous donner un détail,
à cette époque l'ail était un véritable trésor,
Il s'achetait au prix de l'or
L'huile est chaude. Posez vos topinambours pré-tranchés,
Baissez la température, un tout petit peu.
Faire rissoler sur un côté,
Puis vous retournerez, le tour est joué.
Ajoutez ail et échalote hachés.
Salez, poivrez, ne pas manquer
Toutes les cinq minutes de retourner.
Disposez dans un plat préchauffé
Parsemez de persil finement ciselé.
C'est un plat digne de très grands cuisiniers.

Clafoutis

Prenez un plat en terre,
C'est préférable au plat en verre.
Garnissez comme vous pourrez.
Versez deux ou trois couches de cerises
Pour une vraie gourmandise.
Vous les aurez équeutée
Mais surtout pas dénoyautées.
Dans une terrine,
Mettre quatre cuillères de farine
Battre un oeuf ou deux,
Que vous poserez dans le creux.
Mélangez au fouet en ajoutant
Si vous en possédez du lait écrémé.
Vous pouvez ajouter en complément
Deux ou trois verres d'eau,
Une pincée de sel ne point oublier
Avec saccharine, vous édulcorerez.
Vous obtenez une pâte fluide, sans grumeau.
Versez sur les cerises en attente,
Portez à four chaud,
Trente cinq minutes pour la cuisson,
Vérifiez la cuisson au couteau,
Pointe sèche veut dire :
Clafoutis à sortir.

Gâteau à la crème de lait

Après avoir recueilli la crème
Sur la casserole de lait bouilli,
cuillère après cuillère, tout à tour,
Il vous faudra attendre trois jours
Pour avoir une tasse de crème ainsi.
Pour mesurer, vous prendrez la même tasse
Vous compterez pour la farine : deux tasses
Pour le sucre, une seule suffira.
Deux entiers, il vous faudra.
Mélangez le sucre et la farine
Sur la crème vous verserez,
Les jaunes seront ajoutés
La levure, vous ne l'aurez point oubliée.
En neige ferme seront battus les blancs,
Délicatement, ils seront incorporés en ruban.
Versez le mélange dans un moule beurré
Faites cuire à four moyen une demi heure.
attendre avant de déguster
Voici un excellent quatre heures
Et bien entendu,
Vous ne serez pas déçu.

La rhubarbe

La rhubarbe a fait une grande révolution au moment de son apparition en Europe. Elle nous est venue d'orient et de trois sources différentes : de Chine, de Perse et de Moscovie.

Les chimistes étudièrent et déclarèrent les secrets de cette plante appelée : « Rheum Barbarum » par les botanistes.

Le principe actif de la rhubarbe , acide chrysophanique se trouve en grande quantité dans les racines de la plante; Les feuilles en contiennent moins.

On peut donc manger les tiges. Quant aux feuilles, il est préférable de ne pas les manger.

Avec les tigre, on peut faire des compotes et des tartes.

Pour sucrer?employez la saccharine et saupoudrez au moment de servir avec un peu de sucre cristallisé.

La rhubarbe est riche en vitamine C, en potassium et en fibres. Attention, elle contient de l'acide oxalique

Tarte à la rhubarbe

Faire comme déjà expliqué
Pour une pâte brisée.
La pâte sera placée dans un moule
Que l'on aura légèrement beurré.
Eplucher la rhubarbe et la couper.
Faire des petits morceaux en bâtonnets.
Etaler sur le fond du moule
Etendre en une couche uniforme,
Faire fondre trois comprimés de saccharine
Dans une cuillerée à soupe d'eau
Arroser la préparation.
Faire cuire à four très chaud
Pour faire évaporer l'eau, j'imagine.
A la sortie du four, après cuisson,
Saupoudrer avec le sucre cristallisé.
Servir chaud et manger à l'unisson.

Potiron ou citrouille

Le potiron appelé aussi citrouille, comme tous les légumes primeurs orange est riche en Bêta carotène forme végétale de la vitamine A. Selon certaines études, les Bêta carotènes pourraient prévenir certaines forme de cancer.

On trouve aussi dans ce légume, qui a été très recherché- pendant la guerre du potassium, du fer.

Ce légume est bon pour la tension.
Il ne faut point jeter les graines, elles sont une excellente source de protéines. Elles sont riches en huile insaturée, source de vitamineE et en vitamines du groupe B.

Il faut les laver   les laisser sécher et les mettre à four une heure à 120° sur une plaque légèrement huilée.

Les potirons se conservent plusieurs mois.

Tarte à la citrouille

On se contentera de cinq cents grammes de citrouille
120 grammes de sucre que l'on aura préservé,
Trois oeufs entiers et 150 grammes de crème fraîche
On pourra se servir de crème recueillie
A la surface du lait bouilli.
Une pincée de sel ajouté
Et du zeste de citron.
Une pâte brisée faite à la maison
De matières grasses vous n'aurez pas!
Ne vous en faites pas,
Vous remplacerez par du fromage blanc,
Croyez moi, c'est excellent.
Faire cuire la citrouille à l'eau
Comme pour faire une soupe.
Mixer la citrouille et ajuster
Tour à tour les ingrédients en groupe.
Garnir le moule à gâteau
Et faire cuire à four préchauffé
Quarante cinq minutes de cuisson
C'est bon à déguster.

Yvette Ostermann est née le 2 Août 1930, fille de meunier, charentaise a sa naissance, limousine dans son enfance, et berrichonne d'adoption et de coeur depuis 1945.

Elle a travaillé pendant trente ans comme secrétaire dans le cabinet d'assurances de son mari. Elle a toujours été attirée par la poésie grâce à sa première institutrice à qui elle rend hommage tous les jours de sa vie.

Elle a adhéré au groupe poétique François Villon en 2004, fait partie de la Société des Poètes et artistes de France, des Amis de Maurice Rollinat, du Club Poétique Montmorillonnais.

Elle a participé à de nombreux concours a été primée.

Elle a écrit « En effeuillant la vie » préfacé par Odette Eylat, sorti à l'Atelier Graphique de Reims au 2°trimestre 1987, puis une réédition par les Editions « Art et T », puis La Brenne en Poésie écrit à trois mains édité aussi par « Art et T » Elle sort régulièrement des recueils inventés confectionnés, imprimés illustrés et reliés par elle même.

Au coeur de Ce monde, signes par milliers etc.. Le dernier sort : » RATIONNEMENT, RESTRICTIONS ,INGÉNIOSITÉ, SOUVENIRS, SOUVENIRS (1939-1945) et les recettes de cuisine de cette sombre époque, mises en poésies. Les anecdotes…

Les recettes, elle les a toutes essayées, elles sont excellentes ont le mérite d'être maigres, peu caloriques, évidemment, c'était un devoir de mémoire et un hommage à ses parents.

Elle a aussi écrit le journal de son chien « Eikinou » petit Bichon frisé Pendant quatorze ans, les épisodes paraissaient régulièrement dans le bulletin trimestriel du Club des Bichons et petits Chiens Lions

L'histoire rassemblée est sortie en livre en 2003.

Elle a mis en page une série de petites histoires illustrées pour les enfants : 9 recueils intitulés: « Dans le jardin magique Mamyvette raconte. »

Son livre d'or contient plus de 381 poèmes.